親鸞聖人の娘

覚信尼と真宗本廟

上場顕雄

覚信尼公像（新潟県福因寺蔵）

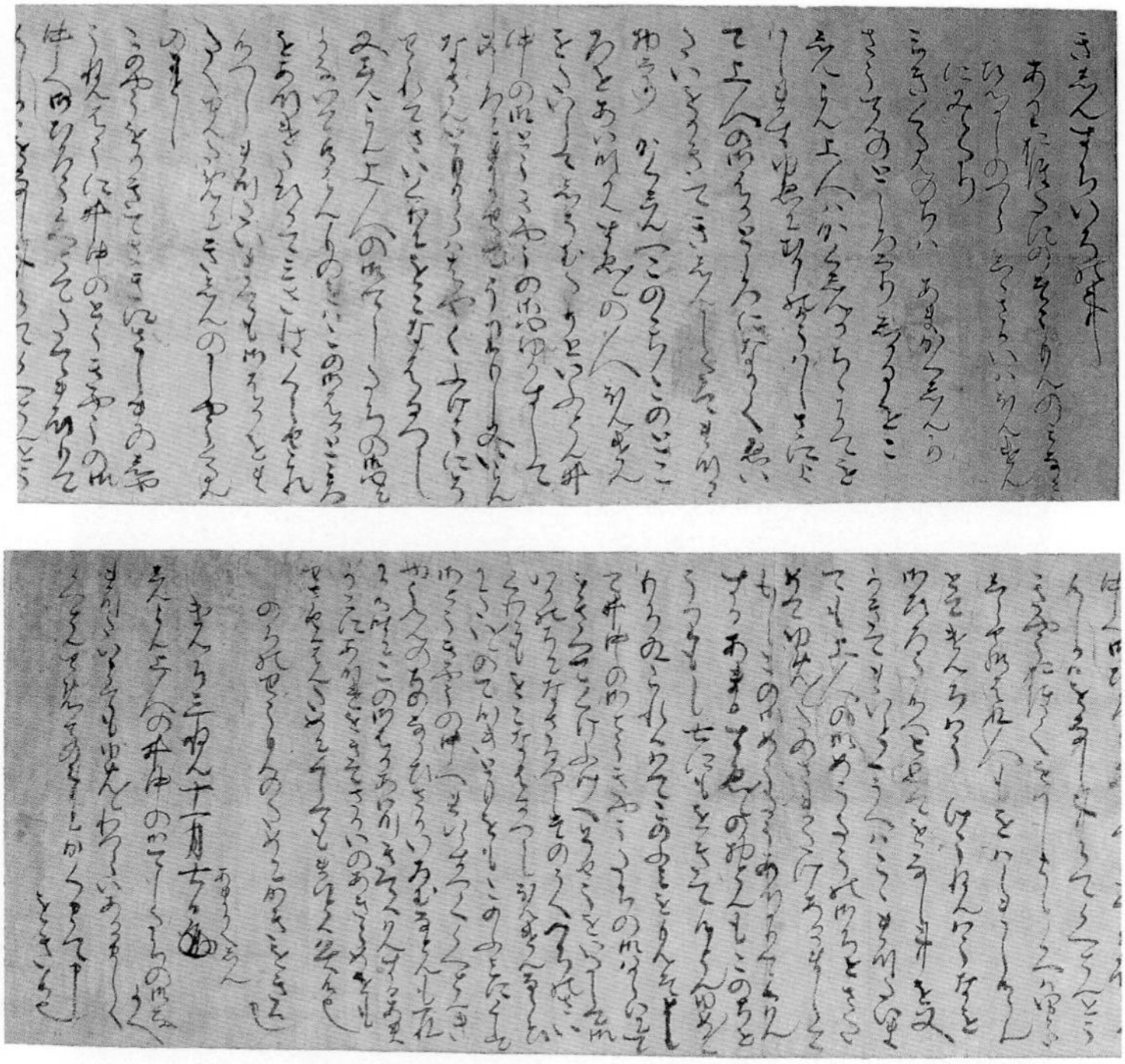

覚信尼筆・大谷屋地寄進状（真宗高田派本山専修寺蔵）

目　次

I

関東時代の覚信尼

一、覚信尼《かくしんに》とは

覚信尼（一二二四〜八三）は、親鸞聖人《しんらんしょうにん》の息女で、父・聖人の晩年を世話された方です。

聖人には六人の子息・息女がおられました。覚信尼はその末娘で、母親は恵信尼《えしんに》です。俗名《ぞくみょう》を「王」（おう、わう）と称しました。聖人が命終された時、覚信尼はそばで看取られ、葬儀・拾骨《しゅうこつ》などを中心となって執《と》り行いました。聖人の遺骨は大谷の地で埋葬され、そのお墓を「大谷廟堂《おおたにびょうどう》」として建立《こんりゅう》されたのも、覚信尼であります。

覚信尼はその廟堂を、敷地とともに聖人の「はかどころ」（墓所）に寄進し、「門徒共有」としました。その廟堂が、のちに御影堂《ごえいどう》を中心とする「真宗本廟《しんしゅうほんびょう》」（東本願寺）となったのです。覚信尼の願いで建立された廟堂が、真宗本廟の原点です。

その願いは、聖人の教えを相続し護持していくことにあります。また、その覚信尼の精神は時代を超えて、本山、門徒の根本にかかわることであります。

一方、聖人の命終のことを、覚信尼は越後国《えちごのくに》（新潟県）におられた母・恵信尼に報《しら》せました。恵信尼はその返事の中で、聖人のことを記されたので、それによって聖人の生涯の一端が判明します。聖人は私的な側面をほとんど語っておられませんので、覚信尼への返事などをまとめた『恵信尼消息《しょうそく》』は貴重な文書といえましょう。

これらの視座から、覚信尼の人物像を試考・紹介したいと思います。

二、覚信尼の誕生とその周辺

一二二四（元仁元）年、覚信尼は関東で誕生しました。聖人五十二歳の時の子です。兄姉は、姉に小黒女房《おぐろのにょうぼう》、高野禅尼《たかののぜんに》、兄に善鸞《ぜんらん》、信蓮《しんれん》、益方《ますかた》がいました。兄や姉たちの詳しい動向は不明確ですが、覚信尼は賑やかな家庭生活の中で成長されていったのでしょう。

家族とともに日常をすごすことは、喜びや楽しみを分かちあったり、あるいは悲しい時は、ともにのり越えていくことを、身をもって体験することになりましょう。

一方、覚信尼が幼少期をすごした常陸国《ひたちのくに》（茨城県）筑波山麓の稲田《いなだ》地方は、温暖で筑波山は関東の名山と称されますが、冬期は「筑波《つくば》颪《おろし》」

略系図

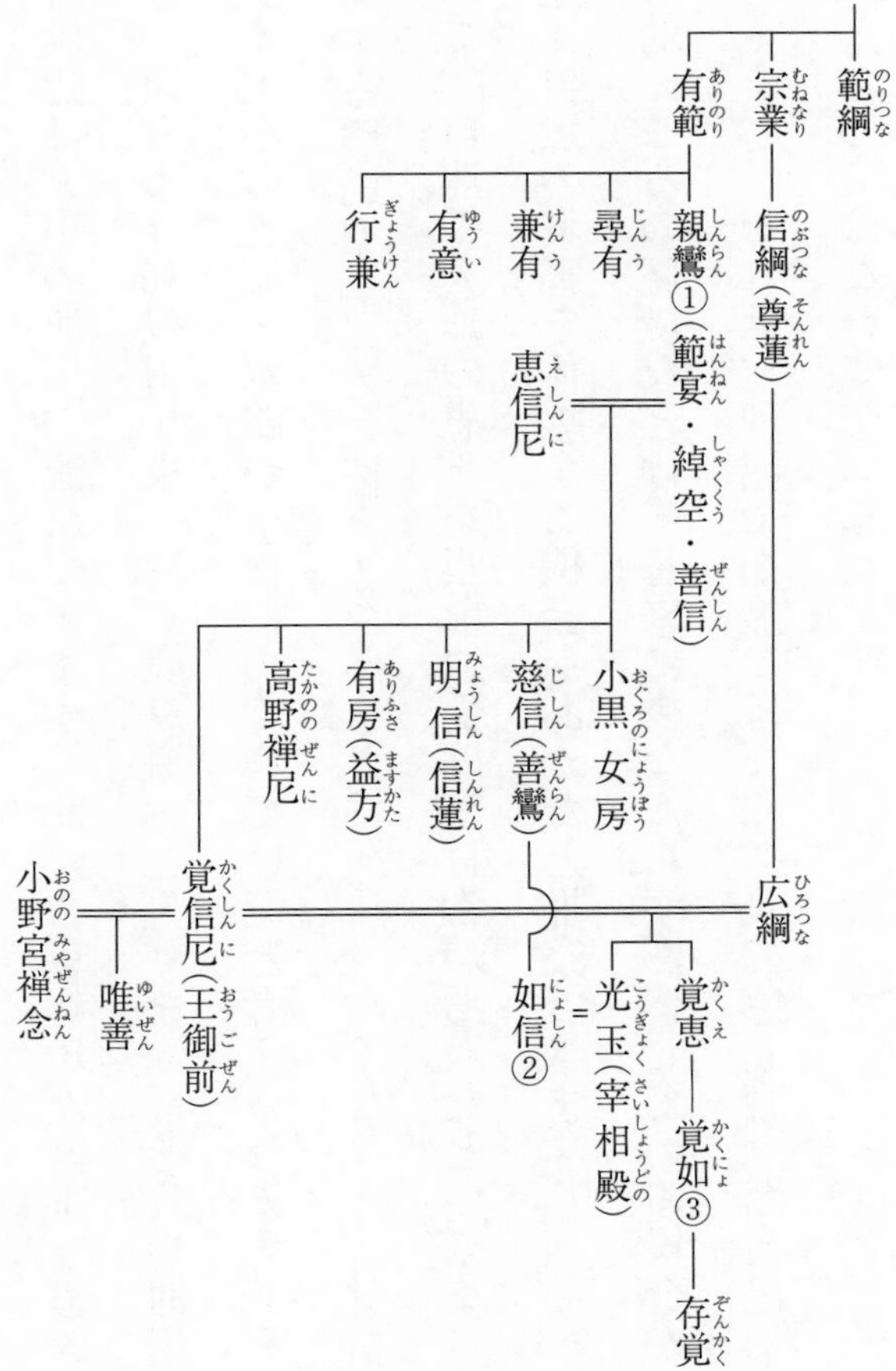

※丸数字は本願寺歴代を示す

といわれる冷たい風が吹きます。

また、周辺は大小の河川が流れています。北から鬼怒川《きぬがわ》が南下し霞ヶ浦に注ぎ、西方より利根川が東へ流れ鹿島灘へと入ります。それら河川とつながる大小の支流・水路が縦横にめぐっていたと考えられます。それに関係する農民や舟運《しゅううん》に従事する人々も当然あったでしょう。覚信尼にとって、自然や大地の恵みを眼前に受ける日常があったといえましょう。逆に自然の災害を体験する機会もあったと推察できます。

誰しも幼いころの環境などは、将来に少なからず影響している場合が多いといえます。それは、理屈や知識ではなく、肌で感じ育った自己形成ともいえるのではないでしょうか。

稲田の草庵（弘願本『親鸞伝絵』、東本願寺蔵）

三、親鸞聖人、関東で活動

聖人は、三十五歳の時、流罪《るざい》に処されて越後国国府《えちごのくにこくふ》（新潟県上越市）の地ですごされました。聖人三十九歳の一二一一（建暦元）年、流罪赦《しゃ》免《めん》されましたが、二年余り同地で滞留されていました。それは師の法然《ほうねん》上人《しょうにん》が亡くなっていたこと、そして赦免八ヵ月ほど前に、信蓮房明信《みょうしん》が誕生しているからでありましょう。幼児を連れて長旅や遠隔地へは動けなかったのです。

一二一四（建保二）年、聖人四十二歳の時、家族を伴なって関東へ向かいました。その順路は、おそらく信濃《しなの》（長野県）の善光寺付近から、佐貫《さぬき》（群馬県）、下妻《しもつま》（茨城県）などを通って笠間《かさま》稲田（同）に入ったと考えられています。おそらく、同地へ向かうに際し、関東の領主などと何らかの縁があって当地へ向かわれたのでしょう。諸説がありますが、仏教に理解があった八田《はった》氏や笠間氏などの領主が指摘されています。覚信尼は、その稲田で誕生されたのです。聖人家族が関東へ移って、約十年がたったころです。

その間に聖人は、師・法然上人より受けた「念仏の教え」を近隣各地で布教され、念仏者集団・門徒衆《もんとしゅう》が形成されました。たとえば、性信《しょうしん》を中心とする横曽根《よこぞね》門徒、真仏《しんぶつ》・顕智《けんち》の高田門徒、順信《じゅんしん》の鹿島門徒などがよく知られます。彼ら同行《どうぎょう》たちが聖人のもとを訪ねて来たり、同行の住居で教えを聞き、語りあったのです。その光景を覚信尼は幼少期に見て育ったと考えられます。なお、その生活基盤は、「念仏のもうしもの」として同行がもちよった懇念《こんねん》によってなりたっていました。

一方、聖人は教化活動とともに、『教行信証《きょうぎょうしんしょう》』を執筆されていました。坂東本《ばんどうぼん》『教行信証』（東本願寺蔵）が現存し国宝に指定されていますが、それは聖人の清書本であり、それ以前に一応草稿本があったことが判明しています。その草稿本は、関東・稲田で執筆されたと考えられます。聖人はそのために、経典や、インドの龍樹《りゅうじゅ》・天親《てんじん》、中国の曇鸞《どんらん》・善導《ぜんどう》などの高僧の論釈《ろんしゃく》の要文を拝読されたのです。

覚信尼の周辺には、それら聖人が収集された経典や高僧の文類《もんるい》が多数あったと推測できます。聖人の真剣な思索や著作活動を眼前にみて育つ覚信尼でもあったでしょう。その環境で覚信尼は成長し、肌で感じたことなどが彼女の将来にも影響したことは確かであると考えます。

関東に伝わる覚信尼像（木造覚信尼坐像、千葉県常敬寺蔵）

四、帰洛《きらく》

聖人は、六十歳ごろ関東から生まれ故郷の京都へ帰られました。覚信尼八歳か九歳のころです。諸説がありますが、帰洛は家族を伴ってと考えてよいでしょう。道中、箱根を通り、門弟専信房専海《せんしんぼうせんかい》のいる遠江国《とおとうみのくに》（静岡県）や三河《みかわ》の薬師堂《やくしどう》（愛知県）で念仏を勧めたと、伝承されています。京都では当初、五条西洞院《にしのとういん》あたりに居住されました。

覚信尼が誕生した元仁元（一二二四）年のころ、五十二歳の聖人は『顕浄《けんじょう》土《ど》真実教《しんじつきょう》行証文類《ぎょうしょうもんるい》』（『教行信証』）を書きすすめていました。浄土真宗の立教開宗を元仁元年とするのは、聖人が『教行信証』化身土巻に「我《わ》が元仁元年甲申《げんにんがんねんきのえさる》」（『真宗聖典』三六〇頁）と記したことに由来します。

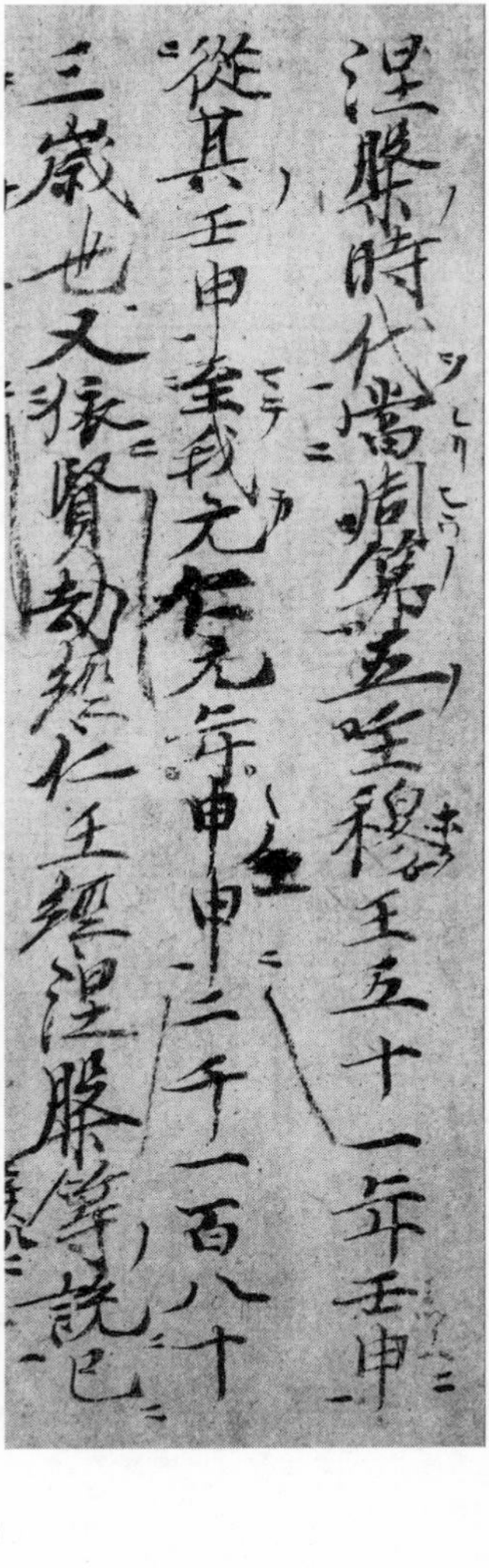

坂東本『教行信証』（部分、東本願寺蔵）

コラム1

「いまごぜんの母」は覚信尼

聖人自筆の遺言状と考えられます十一月十二日（推定一二六二年）付「親鸞消息」（『真宗聖典』六一三～六一四頁）は、「いまごぜんのはは」と「そくしょうぼう」（即生房）の援助を「ひたちの人々」に依頼しています。その「いまごぜんのはは」の人物については従来より明確ではなく、覚信尼や即生房の妻などをあてる諸説があります。

即生房の人物像は不明で、聖人の近縁の人物と考えられます。また、即生房への援助は、鹿島門徒の順信であったといわれます。「いまごぜん」（今御前）といわれる人物を誰に想定するかが問題でありますが、筆者は覚信尼の長男・覚恵《かくえ》と想定しています。

この消息が書かれたと思われる一二六二（弘長二）年は、覚恵二十四歳の時です。覚恵は父・日野《ひの》広綱《ひろつな》と死別し、母・覚信尼とともに祖父・聖人のもとで日常をすごしていたと考えられます。というのは、覚恵の長男・覚如《かくにょ》は一二七〇（文永七）年十二月に誕生していますので、結婚はその前年と考えられ、覚恵幼少のころは、一時青蓮院《しょうれんいん》にいたといわれます。聖人入滅の時も、枕もとにいたと考えられましょう。

「いま」（今）は、「近」と同じく「場所的に至近の意であり、今は時間的に至近のときをいう」（白川静『字通』）。したがって、「いまごぜん」は、聖人の近くにいた覚恵であり、その「はは」は覚信尼と考えてよいでしょう。

さらには、恵信尼は覚恵のことを「光寿御前《こうずごぜん》」（『恵信尼消息』第十通、『真宗聖典』六二四頁）と記しています。覚恵の呼び名として「ごぜん」をつけて称していた日常があったと考えられます。すると、聖人が「御前」と呼んでいるのは孫の覚恵のことと考えられるのではないでしょうか。

一二八三（弘安六）年十一月二十四日付の覚信尼の消息（「覚信尼最後状案」、西本願寺蔵）に「たはたけ《（田畠）》ももたず《（持）》候へば、ゆづり《（譲）》おく事もなく候、ただいかう《（一向）》ゐ中《（田舎）》の人々をこそ、たのみ《（頼）》まいらせ候へば、あま《（尼）》がさふらひ《（候）》しにかはら《（変）》ず、御らん《（覧）》じはなた《（放）》れず候へ」とある文言は、聖人が常陸の人々に「いまごぜんのはは」の援助を依頼した「所領」相続が無い内容・文言と類似しているのではないでしょうか。

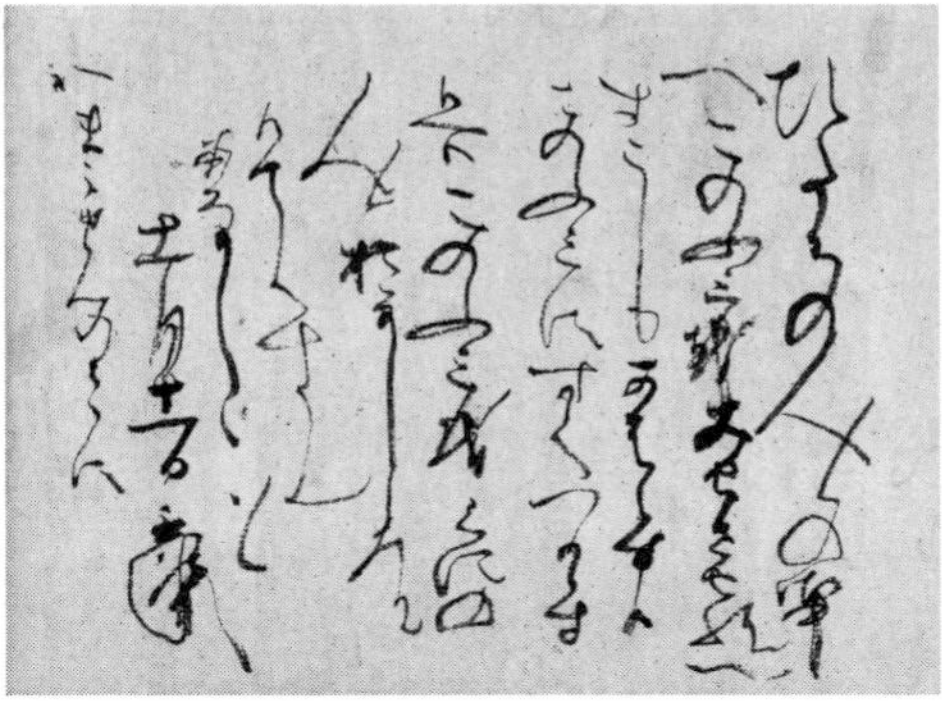

十一月十一日付「いまごぜんのはは」宛消息
（聖人自筆、西本願寺蔵）

そのことからも「いまごぜんのはは」は、覚信尼と推察します。

また、聖人が「いまごぜんのはは」に宛てた消息（十一月十一日付）に、先ほどの「親鸞消息」（十一月十二日付）を「ひたちの人々の御中」に見ていただくように記しています。したがって、「いまごぜんのはは」は聖人の両消息の内容を承知していたことになり、それは覚信尼と考えてよいのではないでしょうか。

II

京都時代の覚信尼

一、覚信尼の結婚

覚信尼は、久我通光《こがみちみつ》（一一八七～一二四八、太政大臣）の女官《にょかん》として仕え、そして、日野広綱と結婚しました。結婚の時期は、長男・覚恵が一二三九（延応元）年に生まれたとされ、覚信尼十六歳の時ですので、その前年と考えられます。広綱の父・信綱《のぶつな》は聖人の従兄《いとこ》にあたり、親戚関係になります。覚信尼は父と同じ日野家一統の方と結婚したのです。信綱は法名を尊蓮《そんれん》と号し、『教行信証』の書写を許され、聖人にとって信頼のおける門弟の一人でもあったといえましょう。覚信尼は結婚後も、「念仏者」が集う雰囲気の中で日暮らしをしたと考えられます。夫・広綱と覚信尼との間には息子・覚恵と娘・光玉《こうぎょく》（宰相殿《さいしょうどの》）が誕生したのですが、その広綱は覚恵が七歳の時、亡くなりました。

二、覚信尼の見た親鸞聖人―その1　和讃《わさん》の作成

京都に転居された聖人家族でしたが、覚信尼にとりまして、夫との死別という悲しいことがありました。様々な出来事がある中で、覚信尼はどのように親鸞聖人を見ておられたのでしょうか。

聖人は、帰洛後も『教行信証』を書きすすめ、校訂されました。坂東本『教行信証』として清書されるにあたり、文言の訂正など多々あり、聖人の思索・考証の熱意が読みとれます。

そして、「和語の教行信証」といわれる「和讃」を作成されました。聖人自身、「和讃」の文字に「やわらげほめ」と左訓をほどこしておら

れます。教えを門徒にわかりやすく歌にして説かれたのです。また、和讃は阿弥陀仏とその浄土の徳を讃嘆し、さらに、インド・中国・日本の七祖《しちそ》をたたえた讃歌といえましょう。

「浄土和讃」、「高僧和讃」、「正像末《しょうぞうまつ》和讃」を『三帖《さんじょう》和讃』と称し、合計三五三首があります。浄土、高僧の二帖は聖人七十六歳の時、脱稿されたといわれます。聖人が帰洛されてからは、和讃撰述に心血を注がれたといえます。さらに『唯信鈔文意《ゆいしんしょうもんい》』や『一念多念文意《いちねんたねんもんい》』などの仮《か》名聖教《なしょうぎょう》をも著述され、門徒などにわかりやすく伝える聖人の意向がうかがえます。

覚信尼は、念仏の教えを広く伝えていこうとされる父のその情熱の姿を身近に感じながら、身のまわりの世話をされたといえましょう。また、

『教行信証』を執筆する聖人（小早川好古画、東本願寺蔵）

それは覚信尼にとって、忘れられない光景としてのちの行動に影響したと推測できます。

三、覚信尼の見た親鸞聖人―その2　聖人の寿像《じゅぞう》

「寿像」とは、存命中に描かれた御影《ごえい》（肖像画）のことをいいます。「鏡御影《かがみのごえい》」、「安城御影《あんじょうのごえい》」と称され、この二つの聖人寿像が現存します。

これらの御影を紹介するのは、「あの御影の一幅《ぷく》、欲しく思いまいらせ候う也」（『恵信尼消息』第四通、『真宗聖典』六一八頁）と恵信尼が記しているからです。覚信尼が父の訃報を越後国にいる母・恵信尼に報《しら》せたところ、恵信尼はその返信のなかで夫・聖人の御影を形見として所《しょ》望《もう》されたのです。「あの御影」とはどれをさすか、不明でありますが、

70歳ごろの親鸞聖人（「鏡御影」、西本願寺蔵）

消息が聖人命終の翌年に書かれたものであることから、寿像であることは確かでありましょう。聖人夫婦の互いの敬愛の念を推測できます。

「鏡御影」と称されるのは、鏡に写したごとくの聖人の容姿を伝えるからであります。寿像は絵師が像主《ぞうしゅ》（当人）と対面して描いており、描写の正確さや迫真性を感じさせます。御影は紙本《しほん》に墨線《すみせん》で描かれ、淡墨《たんぼく》の細い線と袈裟《けさ》、衣《ころも》は濃墨《のうぼく》で描かれています。聖人七十歳ごろの画とされ、お顔をよくみると、はりのある額、ややこけた頰、どっしりとした腰や体格をみることができ、不屈の念仏者としての心うたれる姿であります。また、眼光は厳しさの中にやさしさが感じられ、その聖人の視線と口もとは我々に話しかけてくださるように感じます。

絵像の作者は似絵《にせえ》の大成者藤原信実《ふじわらののぶざね》の子・専阿弥陀仏《せんあみだぶつ》（袴殿《くでん》と号す）

83歳ごろの親鸞聖人（「安城御影」、東本願寺蔵）

です。それは、本願寺第三代覚如《かくにょ》上人が一三一〇（延慶三）年に御影を修補した中で記しています。

覚信尼は、聖人と絵師とが対面している光景をおそらく見ておられ、どのように感じておられたのでしょうか。のちの「大谷廟堂」の聖人木像の中にこの御影が納められていたと考えられています。

また「安城御影」とは、三河国《みかわのくに》（愛知県）安城に伝来したので、その名称で呼ばれています。聖人の門弟・専信房専海が、絵師朝円《ちょうえん》に描かせた御影です。専海は、一二五五（建長七）年に『教行信証』を書写し、同年にこの絵像を描かせました。したがって、聖人八十三歳の寿像です。存覚《ぞんかく》（本願寺第三代覚如上人の長男）は、この御影の拝見を所望したので、三河国からそれを相続していた照空房《しょうくうぼう》が上洛持参しました。

存覚は、その拝見記録というべき内容を『存覚袖日記《そでにっき》』に書きとどめています。絵像の親鸞聖人は、狸《たぬき》の皮を敷いて墨染の衣姿で安座しておられ、猫の皮で作られた草履《ぞうり》を座の前におかれ、鹿杖《かせづえ》は桑の木で、T字形の手をそえる部分も猫の皮がまかれています。存覚はこのように聖人が用《もち》いておられた材質を詳しく記しています。

聖人が衣の姿で動物の皮と接しておられることは、猟などに従事し、罪業意識に直面する門徒・民衆とともにある自らの姿として描かせられたとも考えます。聖人の『唯信鈔文意』の「りょうし・あき人、さまざまのものは、みな、いし・かわら・つぶてのごとくなるわれらなり。」(『真宗聖典』五五三頁)の文言・教えを、肖像画で語っているともいえます。みな、敬愛する同じ人間であることをいわれているのです。

覚信尼は、画像にあるように聖人が高齢になられ杖を必要とされながら、著作活動や教えを説く手紙を送られる姿に接し、淡々と娘として世話をされていた状況を推測できましょう。

四、親鸞聖人の依頼

聖人らが帰洛後、恵信尼は覚信尼を残し越後国へ赴きました。それは、恵信尼の父・三善為教《みよしためのり》（越後介兵部大輔《えちごのすけひょうぶたいふ》）が所有していた領地などの財産を管理・相続するためと考えられています。越後への下向時期は正確にはわかりませんが、少なくとも恵信尼七十五歳の一二五六（建長八）年以前といわれています。

聖人帰洛後、関東の門弟たちは正しい念仏の教えを確かめるための手紙を送っています。また聖人はその返書・消息を多数送っています。教えの異なった理解を正すため聖人は丁寧に記しています。また、関東から京都へ訪ねてきた門弟もいました。

聖人の遺言状とされている「ひたちの人びと」宛消息があります。その冒頭に記されている「今御前の母」について、諸説がありますが、おそらく「覚信尼」と考えられます（コラム①参照）。その消息の一部を紹介しましょう。

このいまごぜんのははの、たのむかたもなく、そろう《（所領）》をもちて候わばこそ、ゆずりもし候わめ。せん《（「ぜ」か）》しに候いなば、くにの人々、いとおしうせさせたまうべく候う。このふみをかくひたちの人々をたの

みまいらせて候えば、申しおきて、あわれみあわせたまうべく候う。このふみをごらんあるべく候う。（後略）

（『真宗聖典』六一三頁、（　）筆者）

【意訳】この今御前の母は頼りにする人もなく、わたしに領地でもありますなら、譲りもいたしましょうが。わたし善信が死にましたのちは、常陸の国の人々に情けをかけてくださるようお願いいたします。この手紙を書くのも、常陸の人々をお頼み申しておりますから、方々に申しおかれて、哀れみをかけ合っていただきたいと思います。この手紙をご覧いただきたいと思います。

右の消息は聖人が自分の亡きあと、門弟たちに支援を求めた手紙です。聖人が支援をたのむ人物は、よほど聖人にとって身近で、大切な方であると考えられます。聖人は、「今御前の母」すなわち覚信尼が所領などの財産・収入がないので、彼女の面倒・支援を「常陸の人々の御中」へ依頼したのであります。あえて「常陸の人々」に依頼したのは、その地に覚信尼が生まれ、幼少期を知る門弟たちの存在があったからと考えられます。日付は「十一月十二日」で、おそらく一二六二（弘長二）年であろうと推測され、聖人命終の十六日前です。聖人も当時としては超高齢で、死期が近づいたと想われたのでしょう。

聖人は親として娘の今後を心配された、いわゆる「親心」であります。私的な内容で大変めずらしい消息といえます。いわば聖人の私的な遺言状の性格をもっているといえましょう。

五、聖人入滅と覚信尼

先述のように、聖人は一二六二（弘長二）年十一月二十八日命終されます。聖人が亡くなられた時のお住まいは弟の尋有《じんう》宅で、京都の「押小路南、万里小路東」（『真宗聖典』七三六頁）といわれています。これは現在の京都御池中学の敷地内にあたることが、有力な説とされています。現在そこには「見真大師遷化《せんげ》之旧跡」という石碑が建てられています。

聖人の枕もとには覚信尼がついていました。そこに越後から子息の益《ます》方有房《かたありふさ》（道性）、下野国《しもつけのくに》（栃木県）から高田門徒顕智《けんち》、遠江国（静岡県）から専信房専海、その他関東からの門弟らも馳《は》せ参じたと考えられます。

聖人の最後のご様子は、『御伝鈔《ごでんしょう》』（親鸞伝絵《でんね》）によると、「仲冬下《ちゅうとうげ》

「善法院跡」

石碑「見真大師遷化之旧跡」

京都市中京区柳馬場通御池上る東側（京都御池創生館前）

旬《じゅん》の候《こう》より、いささか不例《ふれい》の気ましますと」（『真宗聖典』七三六頁）と述べられているように、十一月二十日過ぎからお身体を悪くなされたようです。そして、「自爾以来《それよりこのかた》、口に世事《せじ》をまじえず、ただ仏恩《ぶっとん》のふかきことをのぶ」（同上）と、世間についての話をなされず、ただ仏恩の深いことのみを述べられていました。そして、称名念仏を絶えることなくなされ、ついに二十八日の昼過ぎにその念仏の息がたえました。

その後、聖人のご遺体は荼毘《だび》に付せられ、埋葬されたことについて『御伝鈔』は次のように述べています。

禅坊《ぜんぼう》は長安馮翊《ふよく》の辺《ほとり》　押小路南万里小路東　なれば、はるかに河東《かとう》の路《みち》を歴《へ》て、洛陽東山《らくようひがしやま》の西の麓《ふもと》、鳥部野《とりべの》の南の辺《ほとり》、延仁寺《えんにんじ》に葬《そう》し

聖人入滅（弘願本『親鸞伝絵』、東本願寺蔵）

手前中央の女性が覚信尼と考えられます。

聖人の火葬（弘願本『親鸞伝絵』、東本願寺蔵）

たてまつる。遺骨《いこつ》を拾《ひろ》いて、同山《おなじきやま》の麓《ふもと》、鳥部野の北、大谷にこれをおさめたてまつりおわりぬ。（『真宗聖典』七三六頁）

聖人のご遺体は鴨川の東の道を通って、東山の西の麓、鳥部野の南側、延仁寺で火葬されたのでした。

その執行の中心は覚信尼です。鳥部野は現在の円山公園の南あたりから西大谷あたりまでの地を指します。その後、聖人のご遺骨は拾われ、鳥部野の北、大谷という所に埋葬されました。そこに墓碑《ぼひ》が建てられます。それはごく簡単な一基の石造《いしづくり》の笠塔婆《かさとうば》を建てたもので、周囲に木《もく》柵《さく》を巡らした簡素なものであったようです。もともとこのあたり一帯は京都の共同墓地所であり、聖人の墓碑はその一角に建てられたのでした。

聖人の墓碑（弘願本『親鸞伝絵』、東本願寺蔵）

|コ|ラ|ム|2|

『親鸞伝絵』に見る大谷廟堂の形状

覚信尼が一二七二（文永九）年に建立した「大谷廟堂」の形状について紹介しましょう。それは覚信尼の孫で本願寺第三代覚如上人が著わした『本願寺聖人伝絵』（親鸞伝絵）によってわかります。のちに書写された諸本があります。それについてはのちに若干紹介します。

「廟堂」は六角形の形状で、正面にあたる前側は三面の板扉で両開きになっています。いわゆる六角堂《ろっかくどう》になっています。屋根は『伝絵』諸本によって異なり、康永本《こうえいぼん》（東本願寺蔵）は桧皮葺《ひわだぶき》で、高田専修寺本では瓦葺《かわらぶき》であります。廟堂内は柱がなくひと間の空間で、聖人の木像が描かれています。西本願寺本では、墓碑のみが描かれています。

『親鸞伝絵』は、一二九五（永仁三）年覚如上人が二十六歳の時、聖人の生涯を絵巻物として著わしました。詞書《ことばがき》と絵伝《えでん》で構成されています。絵は信州（長野県）康楽寺《こうらくじ》の浄賀《じょうが》に描かせました。絵相は十三段でしたが、上人七十四歳の一三四三（康永二）年に十五

廟堂と親鸞御影（木像）
（康永本『親鸞伝絵』、東本願寺蔵）

廟堂内の親鸞御影（堂内拡大）

段に増補しました。絵は浄賀の子・円寂《えんじゃく》と門人・宗舜《そうしゅん》が描きました。これが「康永本」といわれ、真宗寺院の報恩講で余間《よま》に掛けられてよく知られます。なお、のちに詞書と絵伝に分けられ、詞書を『御伝鈔』と称します。

康永本の他に、西本願寺蔵『善《ぜん》信《しん》聖人絵』、専修寺蔵『善信聖人伝絵』、東本願寺蔵『本願寺聖人親鸞絵伝』（もと茨城県浄光寺蔵、「弘願本《ぐがんぼん》」といわれます）があります。また、本願寺第八代蓮如《れんにょ》上人、同九代実如《じつにょ》上人らが、裏書《うらがき》をして各寺院へ下付授与した御絵伝が現存しています。

III

覚信尼と廟堂建立

一、覚信尼と恵信尼との書簡

覚信尼は、聖人の命終を拾骨の翌日十二月一日付書面で、早速、越後の母・恵信尼に報《しら》せました。

その覚信尼の消息は現存していませんが、恵信尼の返事消息によって推測できます。それを紹介しますと、

昨年《こぞ》の十二月一日の御文《ふみ》、同二十日《はつか》あまりに、たしかに見候いぬ。何よりも、殿の御往生《おうじょう》、中々、はじめて申すにおよばず候う。

（『恵信尼消息』第三通、『真宗聖典』六一六頁）

（去年十二月一日付のお手紙、同二十日過ぎにたしかに拝見しまし

りません）

た。殿（親鸞）が往生されましたことは、あらためて申すまでもあ

当時の手紙は、京都から越後まで二十日間ほどで到着しました。この消息は、翌年の二月初旬に恵信尼が返事しているものです。

以下、次のようなことを十通の『恵信尼消息』に記してあり、聖人の伝記の一端もわかります。それらの消息を若干紹介し、解説しましょう。

① 聖人は二十九歳まで比叡山で「堂僧《どうそう》」であったこと。（第三通）

聖人は『教行信証』で、「しかるに愚禿釈《ぐとくしゃく》の鸞《らん》、建仁辛《けんにんかのと》の酉《とり》の暦、雑行を棄てて本願に帰す」（『真宗聖典』三九九頁）と自ら記しています。

建仁辛酉（一二〇一）の年以前は、「堂僧」であったことを消息は教えています。

② 下山して、聖人は六角堂（頂法寺《ちょうほうじ》）に百日の参篭《さんろう》をはじめ、九十五日目の暁《あかつき》に聖徳太子の偈文の夢告《むこく》を受けられました。その夢告にみちびかれて、法然上人のもとへたずねられました。（第三通）

恵信尼は、覚信尼に聖人が法然上人と出遇い、師事したことを伝えています。

逆の視角から考えますと、①、②などのことを覚信尼は知らなかったのでしょうか。恵信尼は聖人から聞いたりし、存知していたのですが、家庭内でそのようなことが話題にならなかったことになりましょう。否、ある程度は話題になっていたのでしょうが、聖人命終につき、恵信尼はあらためて娘に伝えたとも考えられます。

③　また、あの御影の一幅をほしいと想っております。（第四通）

恵信尼は、聖人の肖像画を形見としてほしいと覚信尼に希望しています。その肖像画は、先述の「鏡御影」か「安城御影」が考えられます。両絵像は聖人の帰洛後に描かれていることから、恵信尼が御影のことを知っていることになります。そのことから、関東からの帰洛は家族ともどもであり、京都で生活をしていたことがわかります。

④ 小袖をたびたび頂戴し、うれしく思います。いまは死に装束《しょうぞく》にいたします。（第九通）

この恵信尼八十六歳の時の消息から、覚信尼は年老いた母に小袖などの着物を贈っていたことがわかり、娘が母を思う気持ちなどが読みとれます。

⑤ また、さいそう（宰相）殿はすっかり落ちついておいででしょうか。お子たちのことなど、みなうけたまわりたいものです。（第九通）

覚信尼の娘・宰相（光玉）の結婚について、恵信尼は心配しているのです。母子や孫の家族愛を感じる消息といえましょう。ほどなく光玉は従兄の如信（聖人の息男である善鸞の子）と結婚したと伝えます。

以上一部ですが、恵信尼が覚信尼に宛てた消息から家族の関係が見えてきます。それによって、聖人の私的な伝記部分や恵信尼と覚信尼親子の慈愛の念もうかがえます。

また、『恵信尼消息』は「万葉仮名《まんようがな》」の達筆で記されています。覚信尼は、それを読みこなす素養があったといえますし、母の達筆に対応する能力をもっていたと考えられます。

一方、『恵信尼消息』が長年保存・伝持されてきたことに驚きます。一九二一（大正十）年に西本願寺で発見されるまで、約六百五十年間も保持されてきたのです。

二、覚信尼、大谷廟堂建立―門徒共有―

聖人命終後、門弟たちは墓所参詣に関東から上洛しました。当然ながら、聖人への敬慕の心が強くあり、遠路をいとわずに赴いたのでしょう。また、それは聖人への奉公や謝念のあらわれとして、門弟たちの心をうごかしたともいえます。

当初の墓所は、石塔が建てられ、それを柵で囲む簡素なものでした（四三頁参照）。聖人を慕って参詣する者にとって、心淋しく物足りない思いがあったと推測できます。そこで、墓所の移転がはかられることとなりました。『御伝鈔』は次のように伝えています。

文永《ぶんえい》九年冬の比《ころ》、東山《ひがしやま》西の麓《ふもと》、鳥部野の北、大谷の墳墓《ふんぼ》をあらためて、同麓《おなじきふもと》より猶《なお》西、吉水《よしみず》の北の辺《ほとり》に、遺骨《いこつ》を堀渡《ほりわた》して、仏閣《ぶっかく》をたて影像《えいぞう》を安《あん》ず。

（『真宗聖典』七三七頁）

一二七二（文永九）年冬は、聖人が亡くなられてから十年目に当たりました。その時に墳墓は「麓より猶西、吉水の北」の地へ移転されたのでした。そこは、現在の地にあてれば、円山公園から知恩院《ちおんいん》山門の前を青蓮院《しょうれんいん》へゆく道の途中にある崇泰院《そうたいいん》（元大谷）の地に相当します。現在、その門前には「大谷本願寺故地《こち》」の石碑が建てられています。

その移転は、「遺骨を堀渡して」とあるように、一度埋葬されたご遺骨を、ふたたび掘り起こされて、移転改葬されたことがうかがわれます。

その地に仏閣が建てられ、親鸞聖人の影像が安置されたのでした。この墓所の移転に、聖人の門弟たちとともに尽力したのが覚信尼でありました。そして、建立された仏閣が「大谷廟堂」であります。

廟堂の土地は、もともと覚信尼が再婚した小野宮禅念《おののみやぜんねん》（?～一二七五）の所有地で、一二五八（正嘉二）年に購入していたものでした。禅念との再婚の時期は不明ですが、一二六六（文永三）年に二人の間に唯善《ゆいぜん》（一二六六～一三一七）が誕生していますので、それ以前と考えられます。

仏法に帰依していた禅念は、妻・覚信尼の父である聖人の廟堂を自身の所有地に建立することを許し、さらに一二七四（同十一）年四月、その敷地を覚信尼に譲渡したのです。禅念はこの翌年に命終しました。

大谷廟堂（弘願本『親鸞伝絵』、東本願寺蔵）

禅念から覚信尼への譲状《ゆずりじょう》には、敷地を息男・唯善ではなく妻・覚信尼に譲ること、さらに将来唯善に譲るのかは、覚信尼にまかせることが明記されています。こうして、廟堂の敷地は覚信尼の所有地となりました。廟堂の建設費用は、おそらく関東の門弟が寄進したものと考えられます。

ところで、この譲状の宛先は、法名の「かくしんの御房へ」となっています。覚信尼はこの年までに得度《とくど》していたのです。

覚信尼は一二七七（建治三）年十一月、この大谷の土地を聖人の「はかどころ」（墓所）に寄進しました。宛先は「しんらん上人のゐ中の御でしたちの御なかへ」となっています。この寄進状は重要でありますので、要点をわかりやすく紹介します（全文は付録参照）。

現在の京都市略地図

※善法坊《ぜんぽうぼう》は聖人入滅の地（39頁参照）

①　この大谷敷地は覚信尼が相続しています。

②　聖人は覚信尼の父であり、聖人の墓所にこれを寄進します。

③　自らが廟堂の留守を護り、死後も子孫がこの任につくことを望みますが、同行たちの心意に反し、売ったりしたならば罪科に処せられるべきです。

④　末代まで永遠に護持するために寄進します。

右掲のように、覚信尼は大谷の敷地、廟堂、影像を聖人の「はかどころ」（墓所）として寄進することを、東国門弟らに報《しら》せたのです。それらすべてを「門徒共有」にしたといえます。それは、廟堂などを永遠に維持するための覚信尼の願いです。廟堂の給仕は覚信尼以降の子孫が行うとし、そして子孫の違乱を懸念して、〝門徒の心にかなった者〟とまで記しています。覚信尼は、相続などで紛糾しないよう、異父兄弟の覚恵と唯善とともに連署するほどの念の入れようです。

なお、右寄進状の差出名は「あまかくしん」（尼覚信）となっています。俗名の「わうごぜん」から法名「あまかくしん」で文書を発給していることから、覚信尼も聖人の門弟という意識があり、同じ遺弟の立場で法名にて記したとも推測できるのではないでしょうか。

覚信尼五十四歳のこの寄進状原本（真宗高田派本山専修寺蔵）を拝見すると、ていねいな筆致、達筆で落ちついた筆跡（口絵参照）をうかがえます。それにしましても、当時の一般的風潮では所領の拡大・維持に精根をかたむける中、覚信尼が大谷廟堂を門徒共有にする熱意や決断は、尊重すべきであります。

廟堂は、すべての門徒共有の財産となり、のちに仏法・真宗を聞く根本道場となります。その経済的基盤をも含めて護持・継承することは、聖人の門徒としての自覚であり、覚信尼の願いに応答することでもありましょう。

三、覚信尼、留守居を継職

覚信尼が関東の門弟に寄進状を提出してより三年後、一二八〇（弘安三）年十月、同じ内容が書かれてある寄進状が関東へ出されています。そこでは、その内容を全門徒に披露するよう依頼がされています。この弘安の寄進状には覚信尼と、その息子である唯善（一名丸《いちみょうまる》）と覚恵

大谷祖廟（東大谷）の覚信尼公碑

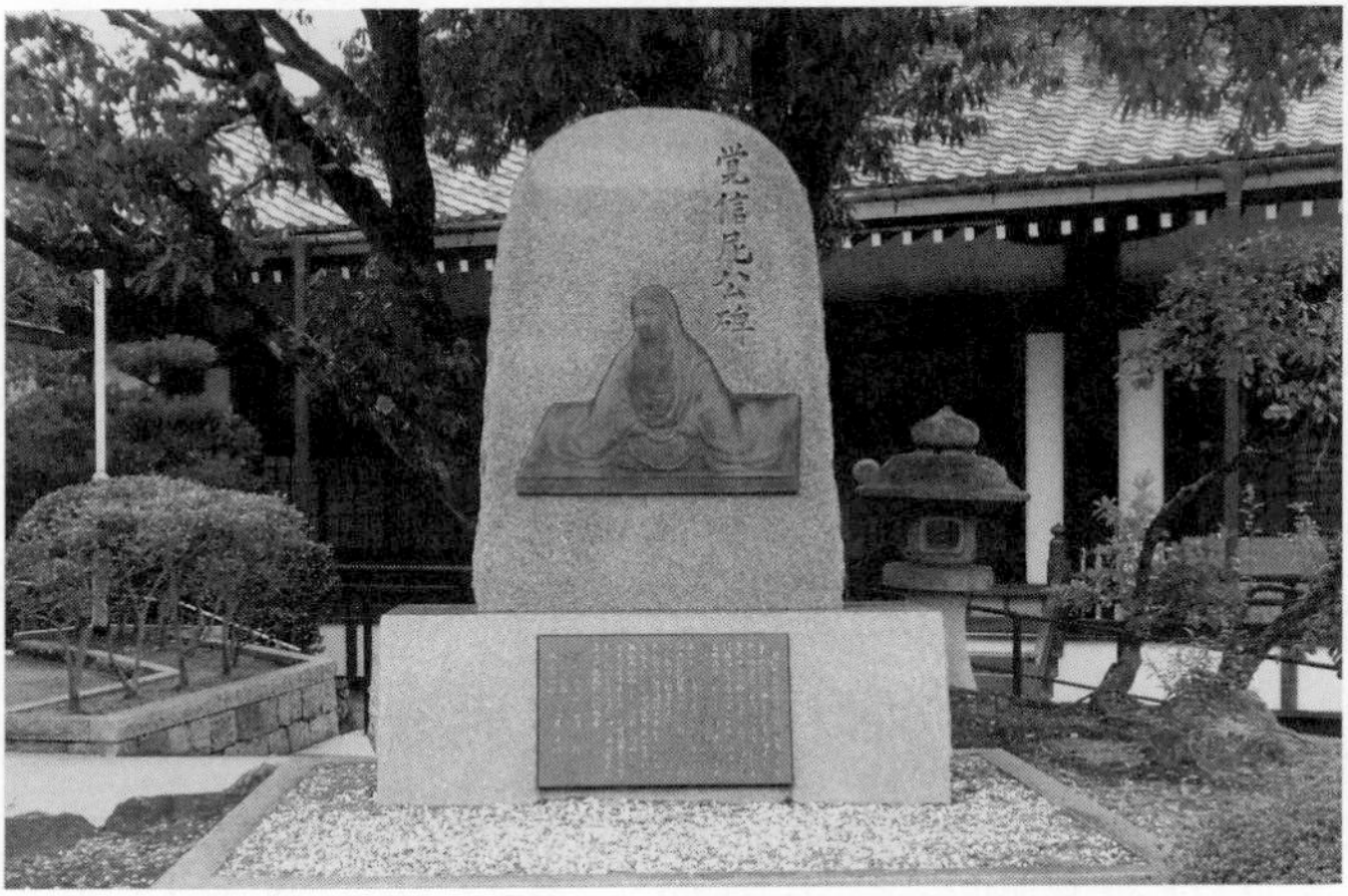

大谷本廟（西大谷）の覚信尼公碑

（専証）との三人の連署があることが特徴となっています。

こうして廟堂・影像・敷地の三者がすべて門徒の共有に帰することとなったのでした。そうすることによって、覚信尼は、「末代までも御はかを全うせんため」（八〇頁参照）といわれているように、聖人のお墓を末代まで相続していくためには、個人の所有ではなく、門弟の共有によって維持することが、最もよい方法であると、あらためて述べられたのでした。

それから三年後の一二八三（弘安六）年に、覚信尼は、いわゆる「最後状」といわれるものを関東に送っています（一二一頁参照）。そこには、この十一月十八日からの咽喉《のど》の病によって、死が近いことを予感されて、出されたことがうかがわれます。

この書状の見だしは「みはかの御るすのこと申付けらるる尼覚信最後状」とあります。特に、この書状では墓所の「お留守」の継承について述べられたものでした。

「お留守」とは墓所の維持、管理をする、いわゆる墓所の給仕役のことです。覚信尼は、墓所の給仕役についても門弟たちの心にかなったものがすべきであるといわれています。このように全権は門弟にあるのですが、門弟たちは遠く離れた関東にいるので、その給仕役を京都にいる覚信尼が勤めることを認めました。覚信尼は門弟たちから篤《あつ》い信頼を得ていたことがうかがわれます。

やがて、その給仕役は本願寺第三代覚如上人時代から「留守職《るすしき》」と呼ばれるようになりました。というのも、「るす」という言葉は当時の普通名詞で、それぞれ地方の国司が京都にいた場合、その地における政務を託される官人が「留守職」と呼ばれていたのです。留守職はその土地の全権を委《ゆだ》ねられた人を示すものであったのです。

覚信尼は、自分が亡くなったのち、自分の子孫が大谷廟堂の留守を預かることを、門弟たちから承認されることを望んだのでした。

覚信尼と廟堂（小早川好古画、東本願寺蔵）

小早川好古《こばやかわこうこ》（一八八八～一九七一）は、真宗大谷派光徳寺（鳥取県）の出身で、父は小早川鐵僊《てつせん》、母は旧三田《さんだ》藩主・九《く》鬼《き》隆義《たかよし》の妹・こう。三歳年上の兄・秋聲《しゅうせい》も日本画家として著名。

コラム3

覚信尼の遺跡と伝承

一二八三(弘安六)年十一月二十四日、喉の病気で死期をさとった覚信尼は、留守職を覚恵にゆずることを関東門弟に報《しら》せる手紙を唯善に代筆させています。これから間もなく覚信尼は亡くなったと思われますが、いつ、どこで亡くなったのかはわかっていません。当時は、女性の記録がなかなか残らない時代でした。

東西本願寺や高田専修寺では、覚信尼が廟堂建立に大きな役割を果たしたことでその名前が知られていましたから、親鸞聖人の末娘・覚信尼をめぐる様々なエピソードが語られるようになります。

江戸時代、覚信尼の俗名は「弥女」(いやおんな)とされており、西本願寺の史書『大谷本願寺通紀』(玄智《げんち》著)は、「いやおんな」こと覚信尼の没年を「弘安四年四月十六日逝、年六十」とし、京都円山の安養寺(京都市東山区)に葬られたと記しています。没年や俗名など、現在知られている覚信尼についての史実とは違っていますが、当時はこのように考えられていました。また、西本願寺「日野誕生院」(同伏見区)の付近には、覚信尼ら親鸞一族の墓と称する墓地が知られています。

その日野誕生院にほど近い三室《みむろ》戸《と》寺(本山修験宗)がある三室戸の地は、聖人の父・日野有範《ありのり》が「三室戸入道《にゅうどう》」と号し、隠棲したという伝承があります。三室戸寺では、境内にある阿弥陀堂を、覚信尼が祖父・有範を偲んで有範墓の上に建立したものと伝えています。有範墓の伝承は、江戸時代の参拝ガイドにも掲載されており、広く知られていたようです(『拾遺都名所図会』巻四)。

聖人が法然上人に帰依するきっかけとなった六角堂の夢告を記したものの一つとして、高田専修寺に伝わる『三夢記』があります。三つの夢とは、比叡山時代に聖人が受けたという十九歳磯長《しなが》の夢告、二十八歳大乗院の夢告、そして二十九歳六角堂の夢告のことです。一二五〇(建長二)年四月、聖人はその三つの夢をまとめた『三夢記』を作成し、末娘の「釈覚信尼」に与えたと高田専修寺では伝えています。

覚信尼が父・聖人から真宗の教えを聞かされていたのかは定かではありませんし、覚信尼が書写したことが確実な聖人の著述も残っていません。しかし、関東に生まれた覚信尼は、関東門弟たちに馴染みがあり、また大谷廟堂の建立と相続に大きな役割を果たしたことが知られていたことで、覚信尼にまつわる伝承が生まれたのでしょう。

三室戸寺の阿弥陀堂

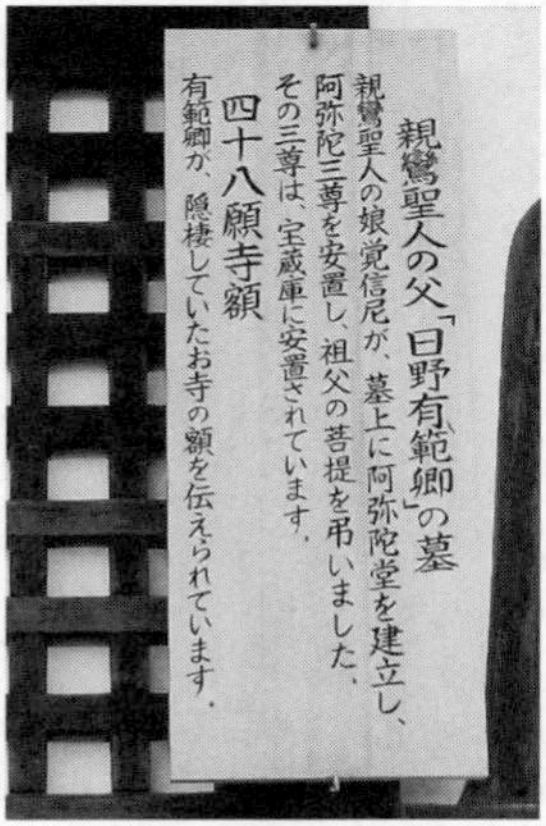

三室戸寺の阿弥陀堂案内板

結びにかえて

覚信尼の生涯を紹介してきました。彼女は聖人の命終、葬送を中心となって執り行ない、十年後、墓所を大谷廟堂として建立しました。それを聖人の墓所として寄進し、門徒共有としました。それが真宗本廟の始源であります。御影堂を中心とする本山・本願寺の由来といえましょう。ちなみに、御影堂と並び立つ阿弥陀堂は、本願寺第七代存如上人時代の建立と考えられています。

覚信尼の精神は、時代を超えて聖人の教えを継承・護持することにあります。それは、覚信尼が聖人の思索・信仰や教化の姿を側でみて肌で感じたことが根底にあると考えられます。その覚信尼の願いを、先人の門徒衆が八百年近く伝え、護持してきたことを忘れてはなりません。

教団の歴史は、当然紆余曲折《うよきょくせつ》がありましたが、現然と存立していますのも、覚信尼以降の数えきれない門徒が尽力してきたからともいえます。経済的基盤の懇念も当然あったのです。門徒衆が真宗本廟・本願寺を死守してきた歴史なのです。それは同朋・同行としての自覚・連帯が受け継がれてきた歴史でもありましょう。なお、二〇二二（令和四）年は廟堂建立七五〇年の記念すべき年時になります。

また、覚信尼が母・恵信尼との往復書簡の中で、聖人のことをあらためて教えられたことも看過できません。教団・本願寺の形成は二人の女性によって基礎が築かれました。それは教団女性史の発端ともいえましょう。以後、歴代門首（門主）の妻や娘らの女性が教団存続や活動に果した役割もあります。

ところで、現「真宗大谷派宗憲」に「真宗本廟は、宗祖聖人の真影を安置する御影堂及び阿弥陀堂を中心とする聖域であって、本願寺とも称し、本派の崇敬《そうきょう》の中心、教法宣布の根本道場である」（第三章第十三条）とあります。

右のように、覚信尼の精神が基礎となり、生かされていることが明確であります。また、二〇二三（令和五）年は宗祖親鸞聖人御誕生八百五十年・立教開宗八百年慶讃《きょうさん》法要厳修《ごんしゅう》の年でありますが、同年は覚信尼誕生八百年でもあります。そのことも、現宗憲の願いを検証する上でも記憶しておかねばならないのではないでしょうか。

全国の別院・寺院は「念仏の教え」を弘める教法宣布の拠点でありま
す。近年、その拠点の護持に不安感や危機感が語られる場合が多いよう
です。その背景には、家族形態の変化や、長寿による介護やその経費、
あるいは地域の過疎化など社会的変化が考えられましょう。

しかし、人間存在の根本問題と対話する道場が真宗本廟・各寺院であり、覚信尼の精神に応答していく空間であります。それは、仏道を求め、真宗の教えに生きる場として存続していかねばなりません。

〈付録〉

覚信尼文書〔意訳〕

覚信尼が記した文書が四通現存します。すでに、書物や論文の各個所で紹介されていますが、ここでは一二七七（建治三）年十一月七日付の覚信尼の寄進状（「覚信尼公大谷屋地寄進状」、口絵参照）を紹介します。原本は真宗高田派専修寺に、案文は西本願寺が所蔵します（翻刻文は教学研究所編『親鸞聖人行実』二八八頁参照）。

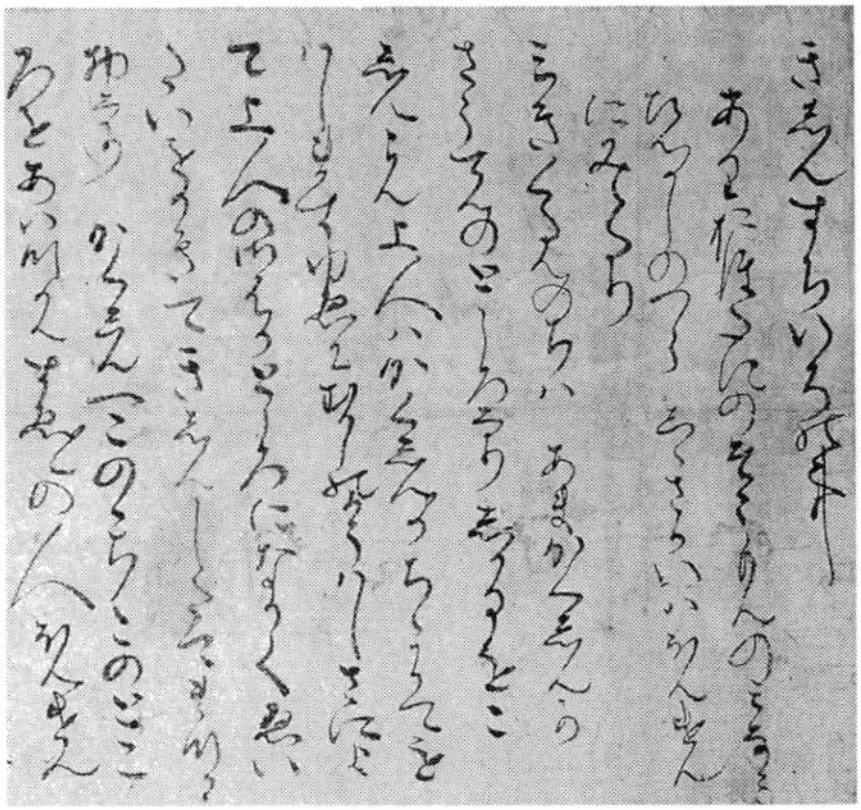

「覚信尼公大谷屋地寄進状」原本

〔翻刻〕

きしんすちいちの事
あり、おほたにのそうもんのみなみ、
ひんがしのつら、し丶さかいはほんけん
にみえたり。
みぎ、くだんのちは、あまかくしんが、
さうでんのところなり。しかるをこ
しんらん上人は、かくしんがち丶にてを
はしますゆゑに、むかしのかうばしさによ
て、上人の御はかどころに、ながくゑい
だいをかぎて、きしんしたてまつる
物なり。

〔意訳〕

寄進する土地ひとつの事

大谷の総門の南側、東の方角あたりに位置する、所有地の東西南北の区域は、本券（寄進状）に記しているとおりです。

右に記載した土地は、尼覚信が相続するところです。ところで、故親鸞上人（聖人）は覚信尼の父親でありますので、昔の芳しい何とも言えないおもいによって、親鸞上人（聖人）の御墓所に、永代まで寄進をいたすものです。

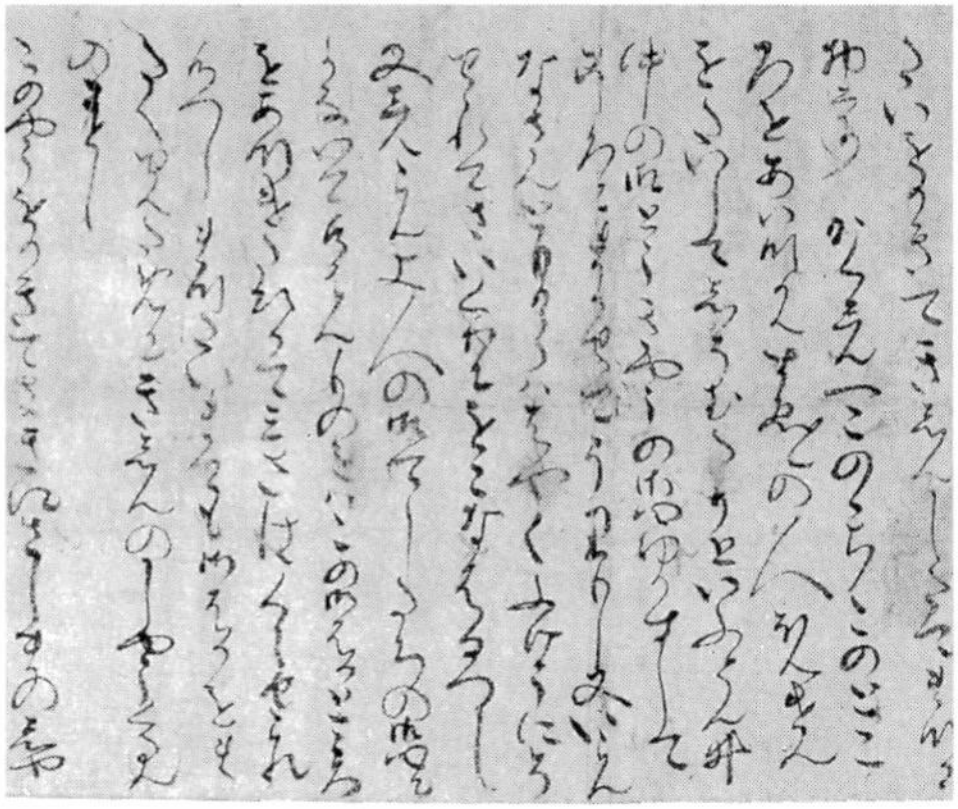

〔翻刻〕

かくしん一ごの丶ち、このところをあいつがんすゑ〴〵の人、ほんけんをたいして、しそむたりといふとん、ゐ中の御どうぎやうの御心ゆかずして、こ丶ろにまかせてうりもし、又いらんなさんともがらは、はやくぶげうにそせられて、ざいくわにをこなはるべし。又しんらん上人の御でしたちの御心にかないて候はんものをば、この御はかどころを、あづけたひ候て、みさはくらせられ候べし。まつだいまでも、御はかをまたくせんために、きしんのじやう、くだんのごとし。

〔意訳〕

覚信尼が一期・一生涯を経たのちに、この場所にある土地（大谷廟堂）を相続する後々の人は、本券（寄進状）を所持し、たとえ〔覚信尼の〕子孫であったとしても、「田舎の御同行」のお心にかなわず、心にまかせてその土地を売ったり、また秩序を乱したりする者は、即刻、奉行に訴えて罪科に処せられるべきです。また、親鸞上人（聖人）のお弟子たちのお心にかなう者に、この御墓所をお預けして、〔その者を〕敬いながら仕えていくべきです。末代までも、御墓所をまことに保持していくために、前述のように寄進状を記しました。

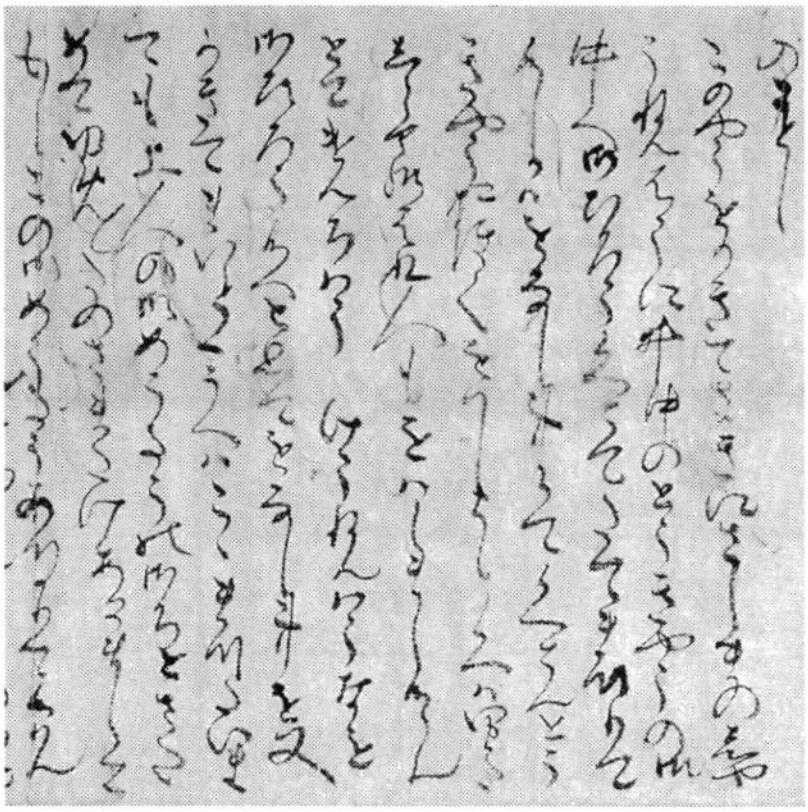

〔翻刻〕

このやうをかきて、さきに、さじまのじや
うねんばうに、ゐ中のどうぎやうの御
中へ御ひろう候へとて、たてまつりて
候しかば、をなじ事にて候へとん、どう
ぎやうおほく、をはしまし候へば、いまだ
しらせ給はぬ人もをはしまし候らん
とて、けんちばう、けうねんばうなを
御ひろう候へと思て、をなじ事を又
かきてまいらせ候うへは、こゝまつだいま
でも、上人の御めうだうの御ちとさだ
めて、ゆめ〳〵たのさまたげあるまじく候。

〔意訳〕

このような旨を書いて、さきには、猿島《さしま》（茨城県西部）の常念房に送付し、「田舎の同行の御中」へご披露していただくように申し上げました。同じようなことで、〔親鸞聖人の〕同行は多くおられますので、いまだ知らされていない人もおられるでしょうから、顕智房、教念房にも、なおご披露してほしいと思い、同じことをまた書いております。この土地が末代までも、親鸞上人（聖人）の御廟堂の御土地とさだめて、決して他の妨げがあってはなりません。

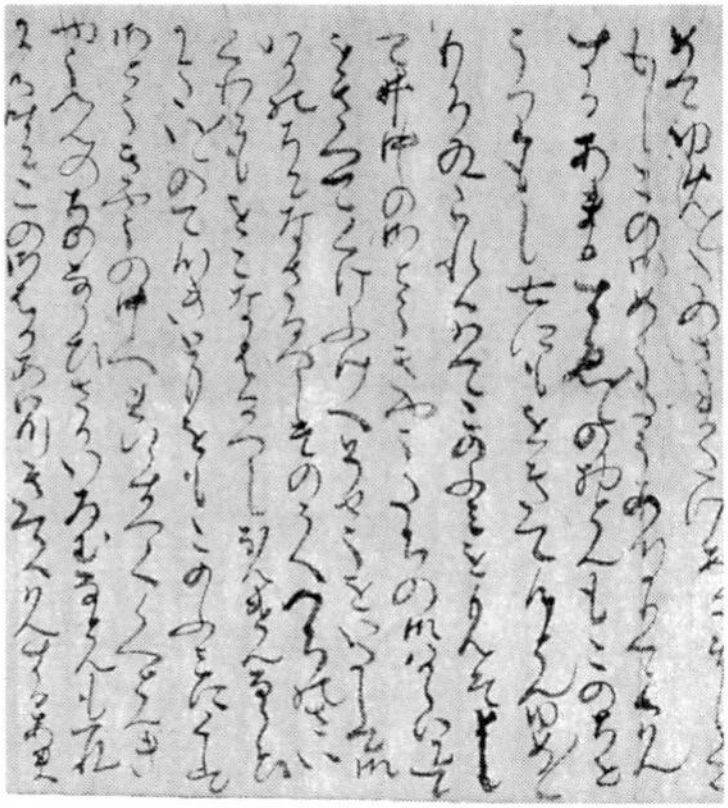

〔翻刻〕

もしこの御めうだうあづかりて候はん
ずるあまがすゑ〳〵の物とんも、このちを
うりもし、七にもをきて候とん、ゆめ〳〵
もちゐられ候はで、このふみをもんぞとし
て、ゐ中の御どうぎやうたちの御はからひにて
をさへて、くげぶけへそせうをいたして、御
はかのちになさるべし、そのうへべちのざい
くわにもをこなはるべし、ほんけんならび
にだい〳〵のてつぎどもをも、このふみにぐして、
御どうぎやうの中へまいらすべく候へとん、き
やうへんのちのならひ、さかいろむなとんもつれ

〔意訳〕
もしこの御廟堂を預かる尼覚信の後々の子孫が、この土地を売ったり、質に入れたりしても、尊重してはなりません。〔もしそのようなことが起きたならば、〕この文書（寄進状）を証拠として、田舎の御同行たちのお計らいによって、公家・武家へ訴訟を起こして御墓所の土地としてください。そのうえ別の罪科にも処されるでしょう。本券（寄進状）ならびに代々土地を受け継ぐことを証明する手継券文も、この文書と一緒に御同行の方々へ渡したいところですが、京都近辺では、敷地に関する紛争が起こりやすく、その事例もあります。

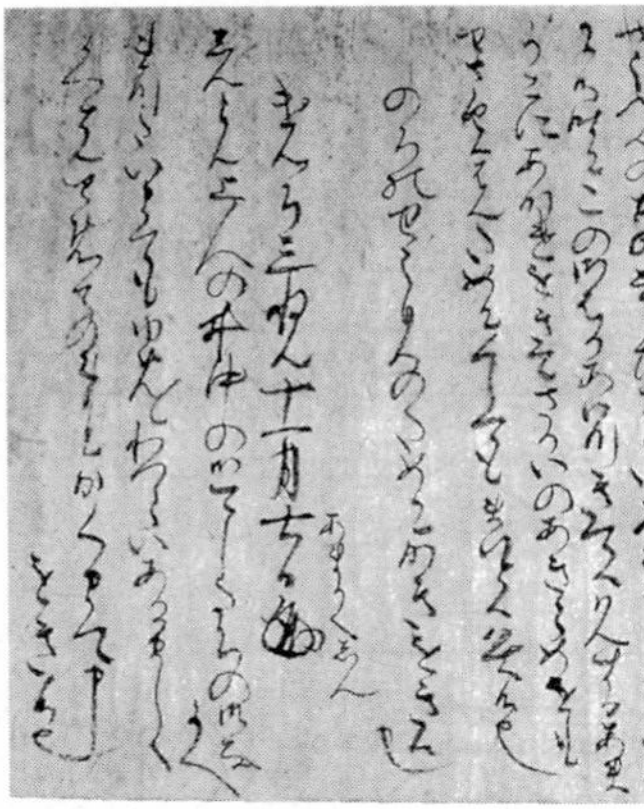

に候時に、この御はかあいつぎて候はんずるあま
がこにあづけをきて、さかいのあきらめをも、
せさせ候はんために、ぐしてもまいら候はず候也、
のちのせうもんのために、かきをき候也
あまかくしん
けんぢ三ねん十一月七日　（花押）
しんらん上人のゐ中の御でしたちの御な
かへ
まつだいまでも、ゆめ〳〵わづらいあるまじく
候へとん、せめての事にかくまで申
をき候也

〔意訳〕

この御墓所を相続する経緯を記した文書を、尼覚信の子どもに預け置き、敷地の事情をよく見きわめるために備えておきます。

のちの証明となる文書とするために、書き置きしておきます。

あまかくしん（尼覚信）

建治三（一二七七）年十一月七日（花押）

親鸞上人（聖人）の田舎の御弟子たちの中へお送りします

末代までも、決して煩いごとがあってはならないと、せめてこの文書を書き表したことであります。

覚信尼略年譜

西暦	和暦	覚信尼齢	事項
一一七三	承安三		親鸞聖人誕生。
一一八一	養和元		聖人出家（比叡山時代）。
一一八二	寿永元		恵信尼誕生。
一二〇一	建仁元		聖人、比叡山下山。法然上人の門に入る。
一二〇七	承元元		聖人、越後に流罪となる。
一二一四	建保二		聖人、流罪赦免後、関東へ向かう。
一二二四	元仁元	一	覚信尼誕生（幼名「おう」）、母は恵信尼。
一二三一	寛喜三	八	聖人、病床で『大無量寿経』を読むが反省し中止（寛喜の内省）。
一二三二	貞永元	九	聖人六十歳、この前後に帰洛。のちに覚信尼、公家・久我通光に仕える。
一二三九	延応元	一六	このころ覚信尼、夫・日野広綱との間に覚恵誕生、のち光玉誕生。
一二四五	寛元三	二二	このころ覚信尼の夫・日野広綱没。

一二四八	宝治二	二五	久我通光没。
一二五六	建長八	三三	恵信尼、覚信尼に下人譲状を書く。
一二六二	弘長二	三九	聖人入滅。 覚信尼が中心となって荼毘、拾骨を執り行う。覚信尼、越後の恵信尼に書状を送る。
一二六三	弘長三	四〇	恵信尼、覚信尼へ書状を送る（恵信尼消息）。
一二六六	文永三	四三	覚信尼、再婚した小野宮禅念との間に唯善誕生。
一二六八	文永五	四五	恵信尼、覚信尼へ最後の書状を送り、まもなく没（八十七歳）。
一二七〇	文永七	四七	覚信尼の孫・覚如誕生。
一二七二	文永九	四九	覚信尼、禅念の土地に大谷廟堂を建立。
一二七四	文永一一	五一	禅念、覚信尼に土地の譲状を書く。翌年、禅念没。
一二七七	建治三	五四	覚信尼、大谷廟堂の土地を聖人墓所に寄進（門徒共有）。
一二八三	弘安六	六〇	覚信尼、病にかかり、まもなく没（六十歳）。

著者略歴

上場顕雄（うえば　あきお）

1946年大阪府に生まれる。大谷大学大学院博士課程満期退学。文学博士。大谷大学講師、教学研究所嘱託研究員、大阪教区教化センター歴史研究班主任研究員を歴任。大阪教区第５組圓徳寺前住職。著書に『教如上人と東本願寺創立』〔共著〕、『別院探訪』〔共著〕、『教如上人―その生涯と事績―』（以上、東本願寺出版）、『増補改訂 近世真宗教団と都市寺院』、『大系真宗史料・蓮如法語』〔編集〕（以上、法藏館）など。

親鸞《しんらん》聖人《しょうにん》の娘《むすめ》　覚信《かくしん》尼《に》と真宗本廟《しんしゅうほんびょう》

発行日　2022（令和４）年４月28日　第１刷発行
著　者　上場顕雄
編　集　真宗大谷派教学研究所
Email kyoken@higashihonganji.or.jp
発行者　木越　渉
発行所　東本願寺出版（真宗大谷派宗務所出版部）
〒600-8505
京都市下京区烏丸通七条上る
TEL　075-371-9189(販売)
075-371-5099(編集)
FAX　075-371-9211
Email shuppan@higashihongangi.or.jp
印刷・製本　中村印刷株式会社
デザイン　梁川智子

ISBN978-4-8341-0648-0　C0015